Ruth Dolenc / Christel Fisgus / Gertrud Kraft /
Edeltraud Röbe / Heinrich Röbe

Mein Rechtschreibheft

Der Weg zum sicheren Schreiben

2. Jahrgangsstufe

Handreichung für Lehrerinnen und Lehrer

Sprachwissenschaftliche Beratung:
Prof. Dr. Rolf Bergmann

Auer Verlag GmbH

Gedruckt auf umweltbewusst gefertigtem, chlorfrei gebleichtem
und alterungsbeständigem Papier.

1. Auflage. 2000
Nach der Neuregelung der deutschen Rechtschreibung

Gesamtherstellung: Ludwig Auer GmbH, Donauwörth
ISBN 3-403-0**3376**-7

Inhalt

Konzept „Mein Rechtschreibheft“
Hinweise zu den Arbeitsheftseiten

„Du musst noch fleißiger üben!“ Wie oft werden so die Kinder ermahnt, wenn es gilt, Richtigschreiben zu lernen! Dennoch kann nicht übersehen werden: Gemessen an der Zeit, an der Fülle von Lernspielen, an den Stößen von Arbeitsblättern und an den geschriebenen Diktaten enttäuscht allzu oft der geringe Übungserfolg. Und so liegt durchaus die Frage nahe, ob nicht so mancher Rechtschreibunterricht die Grundschulkinder eher beschäftigt hält[1], als dass er ihnen zu grundlegendem rechtschreibspezifischem Wissen und Können verhilft.
Diesen Anspruch erhebt *„Mein Rechtschreibheft“.*

☐ Welche Überlegungen waren für *„Mein Rechtschreibheft“* leitend?

Die Orthographie ist lernbar. Sie gründet in der beruhigenden Tatsache, dass unser Schriftsprachsystem geregelt ist.

Die Orthographie ist besser als ihr Ruf. Die Frage allerdings, wie wir als Lehrer die Orthographie verstehen, nämlich als plausibel machendes System oder als Konglomerat mit mehr Ausnahmen als Regeln, ist bedeutsam. Der Kellner, der Delikatessen mit Naserümpfen serviert, wird unzufriedene Gäste haben.[2]
„Mein Rechtschreibheft“ hat sich für Rechtschreiben als „Delikatesse“ entschieden. Es bereitet gleichsam die besonderen schriftsprachlichen „Leckerbissen“ auf und bietet sie in einer „Menüfolge“ an.
Es erschließt die orthographisch bedeutsamen Phänomene in ihrer Sachstruktur, macht sie durchschaubar und legt die zugrunde liegende Sachlichkeit frei. Denn Fragen wie diese: *„Wie verhält es sich mit dem langen /i/?“, „Welche Wörter haben wirklich lange Selbstlaute?“ usw.,* brauchen (sprachwissenschaftlich) kompetente Antworten. Gerade weil in der Euphorie über methodische Ideen nicht selten die Sachgesetzlichkeit zu kurz kommt oder vielleicht verstellt wird, sind die Lehrangebote von *„Mein Rechtschreibheft“* auch sprachwissenschaftlich überprüft worden.

Kinder sind grundsätzlich neugierig auf Schrift, auch auf die Norm, in der die Erwachsenen schreiben. Diese Neugier kann dem schulischen Rechtschreiblernen zugute kommen. Lassen wir die Kinder ihre eigenen Hypothesen über die Logik der Schrift aktiv ausprobieren und die Regelhaftigkeit ihrem Entwicklungsniveau gemäß entdecken!

Wer SchreibanfängerInnen aufmerksam beobachtet, kann bemerken, dass sie zunächst jedes Wort im Akt des Erschreibens konstruieren. Während die Erwachsenen ja bereits von der Geregeltheit der Schriftsprache „gefangen“ sind und die Rechtschreibfälle als Beispiele für Regeln – das ganze System überblickend – ausführen können.

1 Eine kritische Analyse von Übungsformen und Materialien, in der so manchen vermeintlich abwechslungsreich gedachten Ansätzen die rote Karte gezeigt wird, liegt vor mit: Naegele, I./Valtin, R.: Rechtschreibunterricht in den Klassen 1–6. (Reihe: Beiträge zur Reform der Grundschule. Bd. 56/57). Frankfurt: Arbeitskreis Grundschule
2 vgl. Balhorn, H.: Rechtschreibwissen in Kinderköpfen. In: Grundschule 27 (1995), Heft 1, S. 15

Forschungsarbeiten zum Schriftspracherwerb[3] zeigen uns, dass sich die Kinder in qualitativ voneinander unterscheidbaren Stufen an die Buchstabenschrift und ihre Geregeltheit annähern:

Über

- ***Kritzeln und Buchstabenmalen*** (hier haben Kinder noch keinen Einblick in die Funktionsweise unserer Buchstabenschrift),
- die ***konsonantische Skelettschreibung*** (das Kind schreibt nur die Konsonanten eines Wortes auf),
- die ***phonetische Verschriftung*** (das Kind „schreibt, wie es spricht")

kommen Kinder

- zur ***ersten Verwendung orthograpischer und morphematischer Muster*** (sie erkennen und wenden Rechtschreibbesonderheiten an – oft auch dort, wo diese nicht relevant sind, man spricht in diesem Fall von „Übergeneralisierungen")

bis hin

- zu ***entfalteten orthographischen Kenntnissen***.

Am Beispielwort „Fahrrad" sollen diese Entwicklungsstufen[4] kurz verdeutlicht werden:

Fahrrad	entfaltete orthographische Kenntnissse
Fahrad	Verwendung orthographischer Muster
Farad	phonetische Verschriftung
Frd	konsonantische Skelettschreibung

Lauttreues Schreiben wird in der Regel im ersten Schuljahr angestrebt.
Wie in jeder Altersstufe verfügen auch Kinder im zweiten Schuljahr über unterschiedliche Voraussetzungen zum Rechtschreiblernen. Viele werden lauttreu schreiben, andere haben bereits Wissen über bestimmte rechtschriftliche Besonderheiten und verfügen über die unterschiedlichsten Rechtschreibstrategien.

Es ist ein typisches Merkmal von Schule, dass sie den Kindern mit Aufgaben entgegentritt. Über eine wohl überlegte Aufgabenlogik kann sie den analytisch-konstruktiven Lernprozess in Bezug auf die Schriftsprache anreichern.

„Mein Rechtschreibheft" verhilft den Kindern zu gezieltem Rechtschreib-Erkunden. Es strukturiert das weite Feld der Lernthemen, stellt gleichsam Wegweiser zur Orientierung auf und folgt dabei der Annahme, dass orthographische Besonderheiten erst dann auf sich „aufmerksam machen" können, wenn die Kinder über die phonetische Strategie selbstverständlich verfügen.
Die ersten Aufgaben gehen von lauttreuen Schreibungen (ein Laut – ein Buchstabe) aus. Dann folgen die ersten Abweichungen in den Zwielauten (au, …) und Buchstabenkombinationen (sch, …).
Erst dann wird die Aufmerksamkeit auf die Besonderheiten unserer Schriftsprache gelenkt, die mit phonetischen Strategien allein nicht mehr bewältigt und erklärt werden können. Dabei gilt uns die Mahnung:
„Wer orthographisches Können vor der Lautschrift fordert, ist wie einer, der das Tanzen während der Krabbelphase zu lehren versucht."[5]

Dies schließt jedoch nicht aus, dass sich Kinder auch selbstständig auf Entdeckungsreise in ihrem je eigenen Tempo machen, und aus dem Wunsch heraus, korrekt zu schreiben, sich die Schreibung oft gezielt erfragen.

3 vgl. z. B. Augst/Dehn 1998; Balhorn 1995; Brügelmann 1994; Eichler 1991; Scheerer-Neumann 1987; Spitta 1997
4 Ausführliche Erörterung in: Augst/Dehn 1998, S. 12 ff.
5 vgl. Sennlaub, K. in: Brügelmann 1994, S. 209

„Mein Rechtschreibheft“ unterscheidet in Anlehnung an Christine Mann (1997) grob drei Gruppen von Wörtern:

- ***Mitsprechwörter*** (weitgehend lauttreue Wörter, erste orthographische Überformungen sind au, eu, ei, ie, sp und st [am Wortanfang], soweit sie die regelmäßige Schreibung betreffen. Bei genauer standardsprachlicher Artikulation können diese Phänomene relativ fehlerfrei geschrieben werden.),
- ***Nachdenkwörter*** (Wörter mit Besonderheiten, die durch die Anwendung schlussfolgernder Lösungsstrategien richtig geschrieben werden können),
- ***Merkwörter*** (Wörter, die über entsprechende Lern- und Einprägetechniken aktiver rechtschriftlicher Wissensbestand werden können.

In den Bezeichnungen wird bereits die Lösungsstrategie sichtbar.

Uns ist dabei bewusst, dass diese Gliederung nicht „strikt“ gehandhabt werden kann. So bleiben sicherlich für jedes Nachdenkwort und Merkwort die phonetische Strategie und damit die schriftsprachlichen Grundoperationen dennoch bedeutsam:

- Das deutliche, standardsprachlich orientierte Artikulieren, das in der so genannten Pilotsprache für das Erstschreiben wichtig wird;
- die akustische Wahrnehmungsdifferenzierung, die die komplexe Klangstruktur der gesprochenen Wörter in Einzellaute gliedern lässt;
- die zunehmende Geläufigkeit in der Zuordnung von Buchstaben zu Lauten, die auch den Gebrauch von Anlauttabellen allmählich erübrigt;
- das Erlesen von Wörtern, das wesentlich wird für (selbst)kontrollierendes Nachlesen und Fehler-Aufspüren.

„Mein Rechtschreibheft“ präzisiert die jeweils grundlegenden Einsichten und Strategien für Lehrkraft und SchülerInnen. Es bietet gezielt Lerngelegenheiten zum (Nach-)Entdecken rechtschriftlicher Sachverhalte; das Angebot kann dabei ganz unterschiedlich genutzt werden, z. B.:

- als Lehrgang, der die orthographischen Lernpensen transparent macht,
- als „Ratgeber“ für so genannte Rechtschreibgespräche oder -konferenzen, wo gezielt „Fälle“ nachgeschlagen, diskutiert und eigene Hypothesen bestätigt, verworfen bzw. korrigiert werden können,
- als „Service-Station“ für das Verbessern und Ausmerzen individueller Fehler,
- als „Nachhilfe“ für Eltern, die oft nur über „fertiges Rechtschreibwissen“ verfügen, die Strategien längst automatisiert haben und sie deshalb unbewusst anwenden.

Gleichgültig, ob sich die ganze Klasse, eine Lerngruppe oder Einzelne einem Rechtschreibthema zuwenden, ob die Kinder zunehmend selbstgesteuert in freier Arbeit oder Wochenplanarbeit die Auseinandersetzung aufnehmen, sie finden in *„Mein Rechtschreibheft“*:

- ein grundlegendes Fundament, in dem der Sachverhalt entfaltet wird,
- vertiefende, sich differenzierende Übungen,
- Anregungen, Freiräume und Impulse für entdeckendes, selbstständiges und kreatives Weiterlernen und Üben.

Durch die prägnanten Aufgabenstellungen können die KollegInnen und SchülerInnen Kriterien gewinnen für das gezielte Ergänzen durch weitere Übungsmaterialien (Karteien, Lernspiele, ...); dies entspricht dem Bemühen um optimale Lernökonomie.

Kind(er)gerechtes Lernen ist stets ein aktives, zielerreichendes und einsichtiges Lernen. So wie keiner für ein Kind wachsen kann (Montessori), so kann auch niemand den Kindern das Lernen in seiner Anstrengung und Befriedigung zugleich abnehmen wollen und dürfen oder durch vermeintlich kindliche Maßnahmen den Weg zur Sache und zum Erfolg verstellen.

Gerade das Rechtschreiben umlauert die Gefahr, entweder aus der Diktat-Stress-Situation nicht herauszufinden[6] oder den Weg zur Sacheinsicht nicht didaktisch hilfreich zu begleiten.

„Mein Rechtschreibheft" nimmt den Anspruch auf das Kind-sein-Dürfen gerade da ernst, wo ernste Lernarbeit abgefordert wird.

☐ Welchen Weg bietet „Mein Rechtschreibheft" an?

- Zielklarheit, Übersicht über Lernpensen, verständliche Aufgabenstellungen – das wissen wir –, haben (schul)angstreduzierende bzw. -verhindernde Wirkung.
- Die Verständnishilfen zielen auf Lernstrategien; diese sind „aktives" Wissen, das sich im Gebrauch festigt und bewährt.
- Grammatikalische Lösungsstragegien werden an Symbole gebunden. *„Mein Rechtschreibheft"* greift auf die Vorgaben der Montessori-Pädagogik zurück; der erste Baustein tritt bei den Wortarten auf. Die Symbole haben jedoch lediglich eine unterstützende Funktion und ihr Einsatz bleibt somit der Lehrkraft überlassen.
- In der Figur „Flipp" steht den Kindern ein Lernbegleiter zur Seite, dessen Spezialität die Unterstützung von Sprachentdeckungen ist. Er gibt helfende Hinweise, spitzt Fragen zu, lenkt die Aufmerksamkeit auf die Schriftsprache und versteht es immer wieder, dem Rechtschreib-Lernen faszinierende Seiten zu entlocken. Sein detektivisches Sprachgespür, seine (Sprach-) Werkzeuge und sein Sprachwitz ermutigen zu eigenen Sprach-Entdecker-Streifzügen, bei denen die unterschiedlichsten Lernkanäle zum Einsatz kommen und individuelle Entdeckungswege möglich sind.

- Auch wenn die Rechtschreib-Erkundungen immer wieder an eine gezielte Wortauswahl (Lernwortschatz) rückgebunden werden, um die Sacheinsicht zu erleichtern, darf die Brücke in den eigenen Wortschatz nicht unterbrochen werden. Deshalb ist das Sammeln und Durchdringen eigener Wörter mit subjektiver Wertigkeit, Bedeutungsklarheit und Präferenz in vielen Aufgabenstellungen selbstverständlich. Das beigefügte Abc-Heft enthält einen ausbaubaren Wortfundus in einer überschaubaren, ordnungsfreundlichen Form.
- Außerdem: Wer möchte nicht gern nach den Sternen greifen? In der Transformation von „Lernwörtern" zu „Sternwörtern" ★ wird den Kindern ein erfolgversprechender Weg angeboten. Der Lohn der Übungsanstrengung wird in ihnen anschaulich und erlebbar, für die „Sternwörter" ist im Abc-Heft ebenso ein eigener Ort vorgesehen wie für die „Lieblingswörter" ❤; sie werden von den SchreiberInnen aus subjektiv bedeutsamen Wortfeldern etc. ausgewählt.

Schließlich: „Richtig"-Schreiben ist „nur" <u>eine</u> Zugriffsweise auf die Schriftsprache. Deshalb darf sie sich nicht verselbstständigen, verengen oder gar aus dem grundlegenden Sprachbildungsprozess herauslösen. Richtigschreiben-Lernen ist Teil und Bedingung der komplexen Aufgabenstellung des Deutschunterrichts der Grundschule.

Nachdem die Rechtschreibleistung auch heute noch vielerorts als zentrales Kriterium für die Schulleistung im Fach Deutsch gilt und die Schullaufbahnentscheidung mitbestimmt[7], ist die Gefahr gegeben, dass die Lernbereiche des Fachs Deutsch in ihrer wechselseitigen Bedingtheit und zugleich in ihrer Bereicherung nicht hinreichend gesehen werden.

---

6 vgl. z. B. Lichtenstein-Rother 1987; Menzel 1997; Süsselbeck 1996
7 In der gegenwärtigen Debatte um Schulleistung fällt auf, dass als wesentlicher Indikator für die Evaluation für Unterrichtserfolg die Rechtschreibnote gilt (vgl. Brügelmann 1999).

„Mein Rechtschreibheft“ ist aus der Verpflichtung heraus konzipiert, auch im Rechtschreibunterricht stets und zugleich schriftsprachliche Grundlagenarbeit zu leisten und diese für das Rechtschreiben-Lernen fruchtbar werden zu lassen. So werden durchgängig Brücken gebaut und benutzt zu:

- Sprechen, mit Sprache spielen, Artikulieren, Fabulieren,
- Sprache untersuchen, sie als faszinierenden Lerngegenstand entdecken,
- für sich und andere schreiben, Schrift als Mittel der Dokumentation und Kommunikation erfahren und erleben,
- Lesen und Kinderliteratur begegnen, ein positives Verhältnis zu Lesen und Buch zu gewinnen.

„Mein Rechtschreibheft“ eröffnet somit zu Beginn des zweiten Schuljahres eine reale Chance, Versäumtes nachzuholen, (quer) einzusteigen und die frohe Erwartungshaltung der Kinder hinsichtlich schriftsprachlichem Lehren und Leisten zu erfüllen.

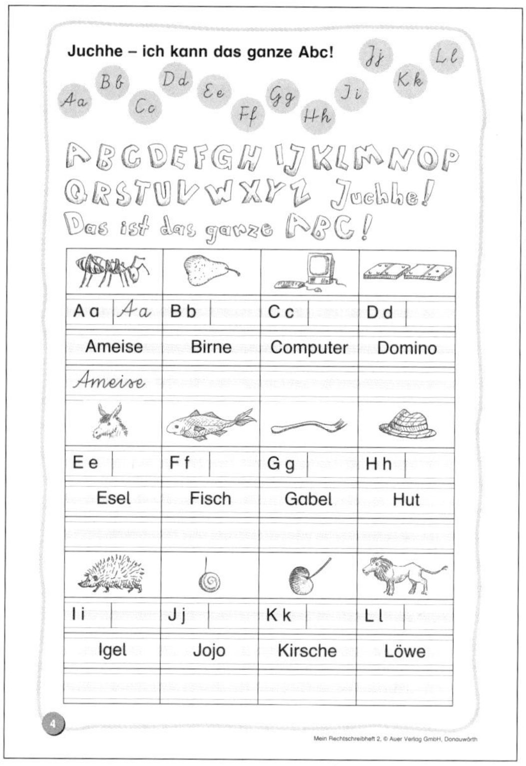

Juchhe – ich kann das ganze Abc! (S. 4–6)

Die Kinder sollen Sinn und Nutzen der alphabetischen Ordnung erfahren. Hier können auch noch einmal die Buchstaben der Schreibschrift geübt und gesichert werden.
Gleichzeitig erhalten die Schülerinnen und Schüler Anregungen, eigene Wortfelder zu erstellen.

Start frei für dein Abc-Heft! (S. 7)

An dieser Stelle erfolgt die Einführung in die Arbeit mit dem Abc-Heft. Das Abc-Heft enthält alle für diese Jahrgangsstufe wichtigen Wörter. Neben das gedruckte Wort schreiben dann die Kinder das Wort in Schreibschrift, wenn es im Übungszusammenhang erstmals auftaucht. Hier erscheint dann das Zeichen A B C. Nach einer gemeinsamen Einführung in die Arbeit mit dem Abc-Heft können die Kinder die Arbeit selbstständig fortführen.
Neben der alphabetischen Ordnung der Wörter findet sich im Abc-Heft eine Abteilung „Sternwörter“. Lernwörter werden zu Sternwörtern, wenn sie an drei verschiedenen Übungstagen sicher geschrieben werden können.
Auf den letzten vier Seiten des Abc-Hefts kann jedes Kind seine eigenen Lieblingswörter ❤ eintragen.
Das Abc-Heft begleitet die Schülerinnen und Schüler das ganze Schuljahr. Es kann täglich eingesetzt werden.
Folgende Arbeitsweisen werden in Verbindung mit dem Abc-Heft grundgelegt und ständig geübt:

- Nachschlagen,
- Anlegen einer Rechtschreibkartei,
- Selbstkontrolle und Korrektur.

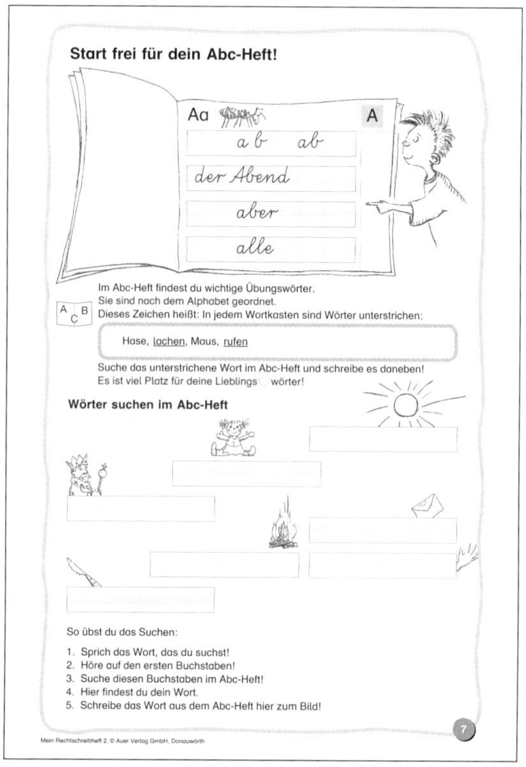

Laute und Buchstaben (S. 8–9)

Die Fähigkeit zur akustischen Durchgliederung von Wörtern ist die Voraussetzung für das richtige Schreiben. Kinder, die nicht in der Lage sind, Wörter auf ihre Laute hin abzuhören, werden Schwierigkeiten beim Rechtschreiben bekommen.
Auf dieser Doppelseite erfahren die Kinder den Unterschied zwischen Buchstaben (graphischen Zeichen) und Lauten (auditiven Zeichen) – zwischen dem Geschriebenen und dem Gehörten.
Die Kinder haben Gelegenheit den Unterschied zwischen „Selbstlauten“ und „Mitlauten“ zu entdecken und deren Funktion in den Wörtern zu erforschen (Geheimbotschaft bestehend aus Mitlauten).
Eine sehr nützliche Strategie ist es, die zu schreibenden Wörter langsam und deutlich leise mitzusprechen. Voraussetzung dafür ist die korrekte Aussprache der Wörter. Der Unterschied zwischen Dialekt und Schriftsprache muss bewusst gemacht werden.

Zauberstriche für ä, ö, ü/Bühne frei für zwei (S. 10–11)

Erstes morphologisches Wissen – ä kommt von a, äu kommt von au – wird angebahnt.

Mehrere Buchstaben für einen Laut (S. 12)

Das Zählen der Buchstaben und das Abzählen der Laute als mündliche Übung macht deutlich, dass es Abweichungen von der Graphem-Phonem-Korrespondenz gibt, das heißt, ein Laut wird durch mehrere Buchstaben repräsentiert.

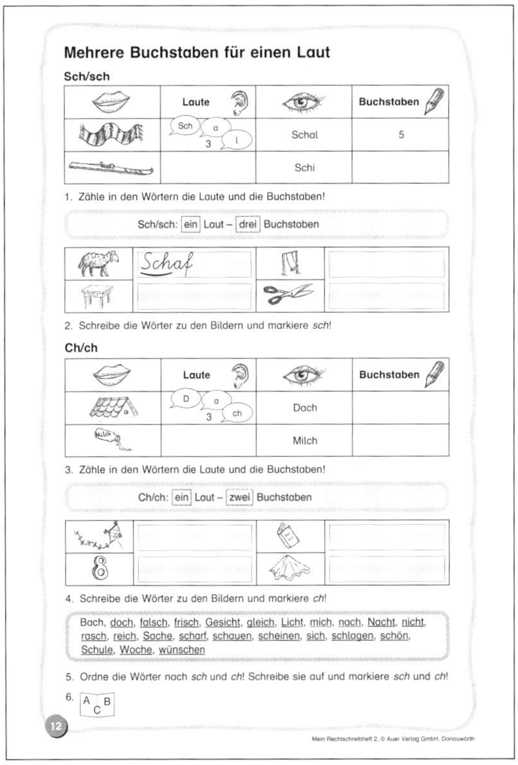

Mehrere Buchstaben für einen Laut

Sch/sch

	Laute		Buchstaben
	Sch a l 3	Schal	5
		Schi	

1. Zähle in den Wörtern die Laute und die Buchstaben!

Sch/sch: ein Laut – drei Buchstaben

Schaf

2. Schreibe die Wörter zu den Bildern und markiere *sch*!

Ch/ch

	Laute		Buchstaben
	D a ch 3	Dach	
		Milch	

3. Zähle in den Wörtern die Laute und die Buchstaben!

Ch/ch: ein Laut – zwei Buchstaben

4. Schreibe die Wörter zu den Bildern und markiere *ch*!

Bach, doch, falsch, frisch, Gesicht, gleich, Licht, mich, nach, Nacht, nicht, rasch, reich, Sache, scharf, schauen, scheinen, sich, schlagen, schön, Schule, Woche, wünschen

5. Ordne die Wörter nach *sch* und *ch*! Schreibe sie auf und markiere *sch* und *ch*!

6. A C B

12

Mein Rechtschreibheft 2, © Auer Verlag GmbH, Donauwörth

Wörter richtig abschreiben (S. 13)

Die Technik des richtigen Abschreibens hat grundlegende Bedeutung auf dem Weg zum sicheren Schreiben. Der Unterschied zwischen „guten“ und „schwachen“ Rechtschreibern liegt oft in der Verfügbarkeit dieser Strategie. Während die „schwachen“ Rechtschreiber in neuen Situationen häufig auf die phonetische Strategie zurückgreifen, nutzen „gute“ Rechtschreiber die Technik des richtigen Abschreibens.

Verben/Beweise für Verben (S. 14–15)

Das Einbeziehen grammatischen Wissens unterstützt das Rechtschreiben. Das Verb als „aktive, dynamische“ Wortart wird in Anlehnung an Maria Montessori mit einem (roten) Kreis gekennzeichnet. Dass Verben klein geschrieben werden, wird hier nicht weiter betont, da im Deutschen fast alle Wörter (mit Ausnahme der Nomen, Eigennamen und Satzanfänge) klein geschrieben werden.
Die Beweise für die Verben lenken das Augenmerk einerseits auf die Veränderbarkeit der Verben im Satz und andererseits auf den meist gleich bleibenden Wortstamm.

Wortbaustelle – Wortbausteine (S. 16)

Die Endungsmorpheme sind bei fast allen Verben im Präsens (Ausnahmen sind die Modalverben) gleich. Der Wortstamm bleibt bei regelmäßigen Verben erhalten. Diese Erkenntnis entlastet das Gedächtnis und erleichtert das Richtigschreiben. Das Markieren und Hervorheben von Endungen und Wortstämmen ist eine wichtige Technik, die hier intensiv geübt wird.

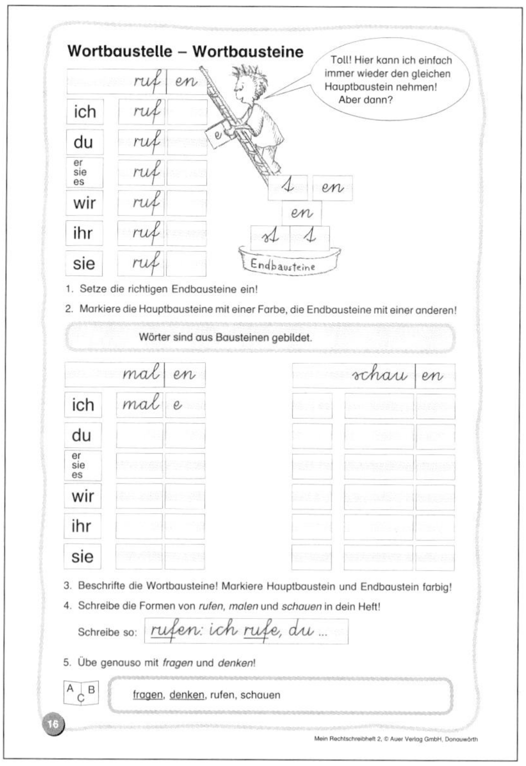

Bauen mit Köpfchen (S. 17)

Auf dieser Seite werden Abweichungen im Wortstamm beim Beugen der Verben im Präsens thematisiert. Die Kinder werden aufmerksam auf die Änderungen in den Wortbausteinen: Aus a wird ä, aus e wird i, usw. ...

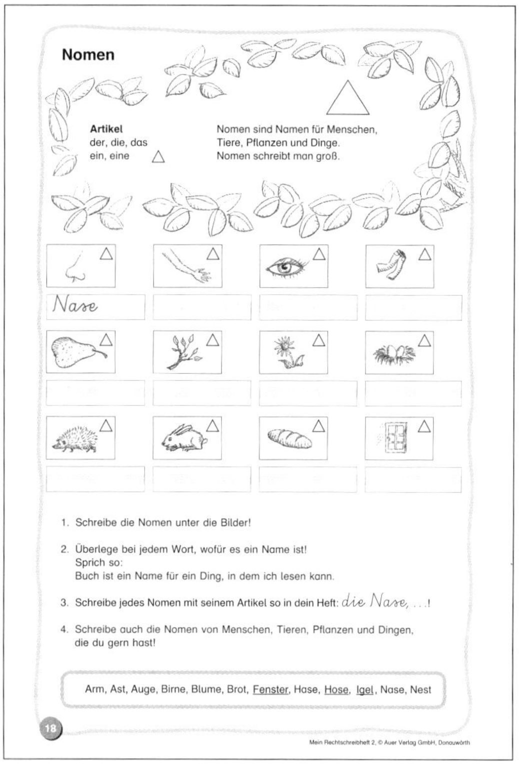

Nomen (S. 18–19)

Für das Nomen haben wir nach Maria Montessori als Erkennungszeichen ein großes (schwarzes) Dreieck gewählt. Der Artikel erhält das Symbol kleines (hellblaues) Dreieck. Die Besonderheit der Nomen – die Großschreibung – wird erwähnt, jedoch nicht überbetont.
Der erste Beweis für die Wortart Nomen wird stets mündlich geleistet. Es ist anzunehmen, dass Kinder dabei Oberbegriffe verwenden (Tisch ist ein Name für ein Möbelstück) oder die Nomen von ihrer Funktion her erklären (Tisch ist der Name für ein Ding aus unserer Wohnung). Beides ist möglich.

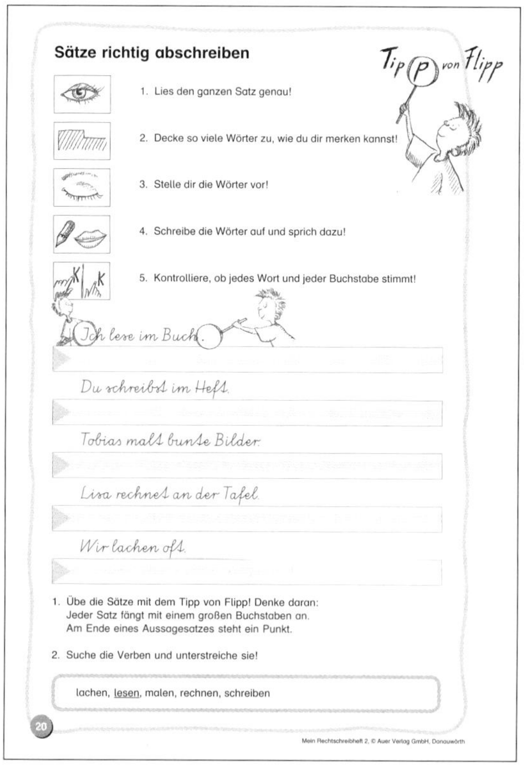

Sätze richtig abschreiben (S. 20)

Der „Tipp von Flipp“ zum Abschreiben von Texten kann als Poster im Klassenzimmer aufgehängt werden. Tägliches Training ist erforderlich, um diese Strategie zu verinnerlichen.

Fehler unter die Lupe nehmen (S. 21)

Lernen heißt Fehler machen. Sie sind kein Unglück. Fehler geben wichtige Hinweise für das weitere Lernen. Kinder sollen hier anhand der vier unterschiedlichen „Falschschreibungen“ erfahren, wie sie Fehler sinnvoll korrigieren können und dass jeder Fehler „anders“ korrigiert werden muss.

Wörter aus der Schule S. 22–23

Zu den vorgegebenen Wörtern aus der Schule sammeln die Kinder eigene, für sie bedeutsame Wörter. Für diese Arbeit dürfen die Schülerinnen und Schüler ein Wörterbuch benützen.

In der Praxis hat es sich bewährt, das „Wort des Tages“ einzuführen. Zu diesem Wort, das von den Kindern vorgeschlagen wird, werden Wortverwandte und Wortzusammensetzungen gesucht und untersucht, Sätze mit diesem Wort formuliert usw. Heißt das „Wort des Tages“ zum Beispiel *„lachen“,* könnten folgende Wörter in das Abc-Heft notiert werden (Beispiel aus einer Erprobungsklasse):

lächerlich, auslachen, anlachen, lächeln, das Lachen, das Lachgesicht, die Lachfalten, der Lachsack …

Der kurze Text „Nach der Schule“ besteht aus weitgehend lauttreuen Wörtern. Alle bisher erworbenen Rechtschreib-Strategien können bei diesem Text eingesetzt werden. Weitere Übungstexte sind auf den letzten Seiten dieser Handreichung.

Auf Seite 23 finden die Kinder Impulse zum Schreiben eigener Texte zum Thema „Schule“.

Lernwörter – Sternwörter (S. 24)

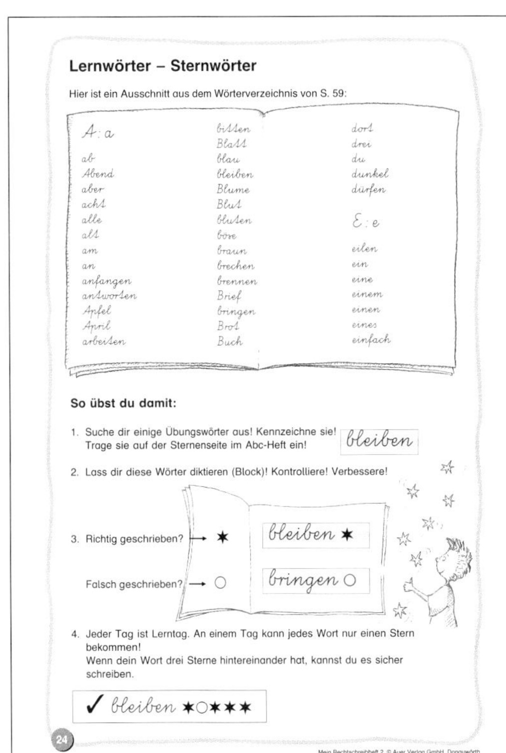

Aus Lernwörtern werden durch konsequentes Üben „Sternwörter“.

Sterne werden vergeben auf den „Sternseiten“ des Abc-Hefts. Die dort notierten Wörter müssen so lange geübt werden, bis sie drei Sterne hintereinander bekommen haben.

Lange Wörter – kurze Zeilen – Flipp muss hier die Wörter teilen (S. 25)

Hier werden Wörter in Sprechsilben zerlegt. Das Klatschen der Silben unterstützt diesen Vorgang. Zum einen wird dadurch das Trennen von Wörtern am Zeilenende vorbereitet, zum anderen leistet das Sprechen in Silben einen wesentlichen Beitrag zur Schulung der phonologischen Bewusstheit. An dieser Stelle wird mit Bedacht auf Wörter mit Doppelkonsonant verzichtet, da Kinder ohne Kenntnis dieser Rechtschreibbesonderheit beim Sprechen den Doppelkonsonant nicht berücksichtigen (die Silbengrenze liegt in dem Laut; bei übertriebener Sprechweise kann man den Laut anhalten und länger klingen lassen: Me**ssss**er.).

Das PeKaTe (S. 26–27)/Das BeDeGe (S. 28–29)

Das Lesen der PeKaTe- und Be-De-Ge-Sprache und der Texte soll die Schüler lautbezogen auf Entdeckungsreise gehen lassen. Wie klingt diese Sprache? Welche Instrumente passen dazu? Wie spricht man hart oder weich?
Das Gedicht führt dann zur Arbeit am Wort und Laut.

Detektiv-Werkzeug für harte und weiche Mitlaute (S. 30–32)

Detektiv Flipp stellt den Kindern ein Instrumentarium vor, mit dessen Hilfe die PeKaTe-Wörter von den BeDeGe-Wörtern unterschieden werden können:

- einen Spiegel, der den Atem sichtbar werden lässt,
- eine Feder, ein Wattebausch, die davonfliegen,
- ein Blatt Papier, das sich bewegt,
- eine Hand, die den Atem spürt.

Voraussetzung dafür ist jedoch, dass die Kinder die Wörter richtig artikulieren können.
Der Vergleich von Standardsprache und Umgangssprache ist in diesem Zusammenhang von Bedeutung.

Eine Nebelgeschichte (S. 33)

Alle Wörter dieses Textes wurden auf den vorangegangenen Seiten geübt. Sie finden sich nun in einem Kontext wieder. Auch auf dieser Seite erhalten die Kinder Anregungen zum Verfassen eigener Texte. Die bisher gelernten Wörter können sie in diese Texte sicher einbringen.

Eine Nebelgeschichte

Nebel

Der Nebel
breitet kalte Flügel
über die Erde.
Wo sind die Wege?
Wo sind die Bäume?
Grauer Dunst weit und breit.
Blumen und Gras
sind braun und welk.

1. Schreibe den Text richtig ab! Denke daran:
2. Male ein Nebelbild und schreibe deine eigene Geschichte dazu!

Blumen, braun, Erde, Flügel, Gras, kalt, Weg, weit

33

Mein Rechtschreibheft 2. © Auer Verlag GmbH, Donauwörth

Adjektive (S. 34–35)

Ein blaues Dreieck mittlerer Größe kennzeichnet das Adjektiv bei Maria Montessori. Zwei Beweise dienen der Bestimmung dieser Wortart.

Merkwörter mit V/v (S. 36–37)

Wörter mit V/v gehören zu den Lernwörtern im eigentlichen Sinn. Die Kinder müssen sich ihre Schreibung in kleinen Gruppen ins Gedächtnis einprägen. Als Einprägehilfe dient das Bild eines Vogelhäuschens. Ein selbst gestaltetes Lernplakat, auf dem alle V/v-Wörter notiert sind, unterstützt das Auswendiglernen dieser Wörter.

Betonte Selbstlaute im Wort (S. 39–43)

Eine elementare Voraussetzung für das Rechtschreiben-Lernen ist die Fähigkeit, die Qualität von Vokalen heraushören zu können. Am besten gelingt das durch eine Sammlung von „Gegenwörtern", die sich nur in *einer* Qualität unterscheiden.
Beispiele dafür sind:
Ratte – raten/Lamm – Lama/nass – Nase/Damm – Dame/Gasse – Gase/Kümmel – Krümel/Herr – her/Gramm – gram/Fluss – Fuß/Donner – Donau/schnurren – Schnur/besser – Besen/Teller – Telefon/blass – Blase/Tunnel – tun.
In ständiger Verbindung von Sehen, Hören, Aussprechen und Schreiben gewinnen die Kinder die notwendige Sicherheit im Unterscheiden von betonten und unbetonten, von langen und kurzen Selbstlauten.

Ein Text für Sprachforscher

Regen

Die Sonne lacht vom Himmel.
Doch da kommen Wolken.
Nun fallen viele Tropfen auf die Erde.

Alles wird nass.
Kein Vogel singt.

Aber schon vertreibt der Wind die Wolken.
Die Sonne kann wieder scheinen.

Für Nachdenkwörter gibt es eine Regel.

Nachdenkwörter

1. Schreibe alle Wörter auf, in denen ein kurzer Selbstlaut vor einem doppelten Mitlaut steht!

Denk an die Regel: • ⌣ ⌣

Merkwörter

2. Schreibe alle Wörter mit *V/v* auf!

Meine Stolperwörter

3. Welche Wörter sind für dich noch schwierig? Schreibe sie auf!

44

Mein Rechtschreibheft 2, © Auer Verlag GmbH, Donauwörth

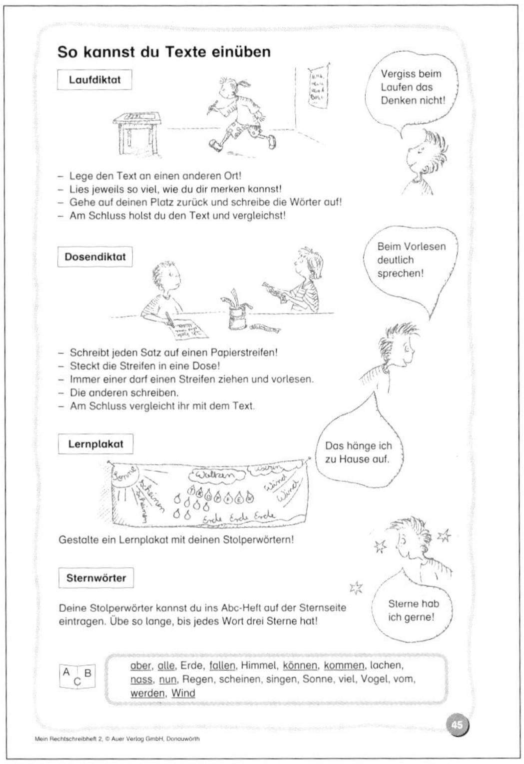

So kannst du Texte einüben

Laufdiktat

Vergiss beim Laufen das Denken nicht!

- Lege den Text an einen anderen Ort!
- Lies jeweils so viel, wie du dir merken kannst!
- Gehe auf deinen Platz zurück und schreibe die Wörter auf!
- Am Schluss holst du den Text und vergleichst!

Dosendiktat

Beim Vorlesen deutlich sprechen!

- Schreibt jeden Satz auf einen Papierstreifen!
- Steckt die Streifen in eine Dose!
- Immer einer darf einen Streifen ziehen und vorlesen.
- Die anderen schreiben.
- Am Schluss vergleicht ihr mit dem Text.

Lernplakat

Das hänge ich zu Hause auf.

Gestalte ein Lernplakat mit deinen Stolperwörtern!

Sternwörter

Deine Stolperwörter kannst du ins Abc-Heft auf der Sternseite eintragen. Übe so lange, bis jedes Wort drei Sterne hat!

Sterne hab ich gerne!

A B C — aber, alle, Erde, fallen, Himmel, können, kommen, lachen, nass, nun, Regen, scheinen, singen, Sonne, viel, Vogel, vom, werden, Wind

45

Mein Rechtschreibheft 2, © Auer Verlag GmbH, Donauwörth

Ein Text für Sprachforscher (S. 44)

Zwei Rechtschreibschwerpunkte, die Thema der vorangegangenen Seiten waren, kennzeichnen diesen Text:

- Mitlautverdoppelung nach kurzem Vokal,
- Merkwörter mit V/v.

Als „Stolperwörter" werden diejenigen Wörter bezeichnet, die dem Kind individuelle Probleme bereiten.

So kannst du den Text einüben (S. 45)

Einen Beitrag zum „Lernen lernen" leistet diese Seite. Unter Berücksichtigung der verschiedenen Lerntypen findet hier jedes Kind seine passende Übungsform.

Wörter mit tz/Wörter mit ck (S. 46–47)

tz steht für zz, ck steht für kk.
Auch hier gilt die Regel: kurzer Selbstlaut vor tz und ck.

Wörter mit St/st/Wörter mit Sp/sp (S. 48–50)

„Ich spreche schp, aber ich schreibe sp!" – Wörter mit st/sp im Anlaut werden am effektivsten mit Hilfe einer Wortliste (S. 50) geübt.

Wörter mit langem und kurzem I-i (S. 52–53)

Lang gesprochenes „i“ wird in der Regel durch „ie“ verschriftet.

Merkwürdiges I/i

In einigen wenigen Wörtern klingt das „i“ lang, wird jedoch nicht mit „ie“ verschriftet. Diese Wörter sind Merkwörter: dir, mir, wir, Igel.
Die optische Einprägehilfe ist hier das Bild eines Igels.

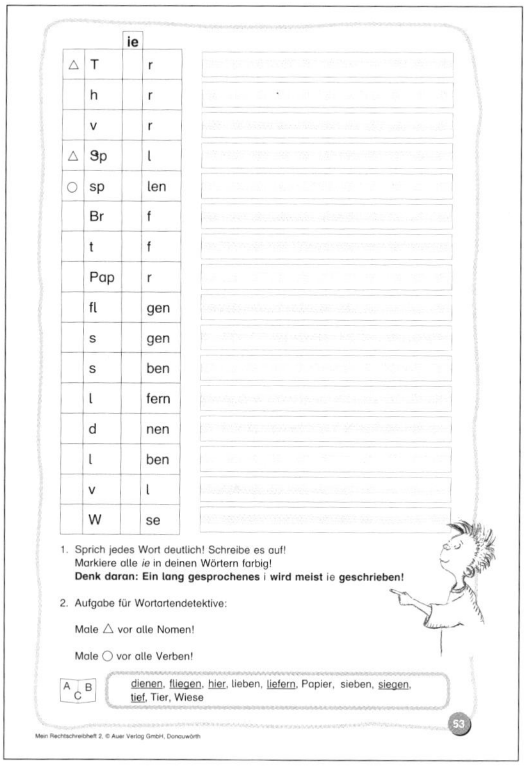

		ie	
△	T		r
	h		r
	v		r
△	Sp		l
○	sp		len
	Br		f
	t		f
	Pap		r
	fl		gen
	s		gen
	s		ben
	l		fern
	d		nen
	l		ben
	v		l
	W		se

1. Sprich jedes Wort deutlich! Schreibe es auf!
Markiere alle *ie* in deinen Wörtern farbig!
Denk daran: Ein lang gesprochenes i wird meist ie geschrieben!

2. Aufgabe für Wortartendetektive:
Male △ vor alle Nomen!
Male ○ vor alle Verben!

A B C: dienen, fliegen, hier, lieben, liefern, Papier, sieben, siegen, tief, Tier, Wiese

53

Deutlich sprechen reicht hier nicht! (S. 55)

Die Strategie „Wörter verlängern“ stellt die wesentlichste Hilfe zum Erkennen der orthographischen Besonderheit der Auslautverhärtung dar.
Die Entscheidung für die richtige Schreibweise wird dadurch gefällt, dass bei der Verlängerung des Wortes (hier: Mehrzahlbildung) die eindeutige Phonem-Graphem-Korrespondenz wieder hergestellt ist.

Langer Selbstlaut mit h (S. 56–57)

Wörter, bei denen der betonte Langvokal noch zusätzlich durch ein nachfolgendes „h“ gekennzeichnet wird, müssen in Gruppen eingeübt werden. Für jede dieser Gruppen wird hier ein Signalwort eingeführt und als Symbol weiterverwendet. Die Wortliste ist eine gute Möglichkeit, sich diese Wörter einzuprägen. Auch ein Lernplakat eignet sich hervorragend.

Merkwörter mit ih (S. 58)

Ein Sonderfall des lang gesprochenen „i“ ist die Markierung mit h. Die Kinder müssen lernen, dass es hier darum geht, sich lediglich eine sehr geringe Anzahl von Wörtern einzuprägen.

Wer sucht Texte zum Üben?

Die zusätzlichen Übungstexte beinhalten einen Basistext für alle Schreiber (gekennzeichnet mit einem Rahmen) und eine Texterweiterung.
Sie weisen vom Schwierigkeitsgrad her eine Progression auf, lassen sich leicht anschließen an ein Thema aus dem Sachunterricht und können auf unterschiedliche Weise bearbeitet und geübt werden (Tagessatz, Laufdiktat, Partnerdiktat usw.).
Die Texte bieten immer wieder Anlass zu Rechtschreib-Erkundungen. Was dabei von den Kindern entdeckt werden kann, wird unter den Texten als Struktur sichtbar.
Am Anfang stehen Texte mit weitgehend lauttreuer Schreibung, die aber zunehmend durch erste orthographische Überformungen erweitert werden.

Die Texte sind keine Diktat-Texte im „klassischen" Sinn

Beim Üben sollen die Kinder stets ein Wörterbuch benutzen dürfen.
Bei manchen Texten sind Satzmuster vorgegeben, die zum Weiterschreiben anregen.
Die Übungsschwerpunkte werden im Anschluss an den Text aufgeführt (Einteilung der Wörter in Mitsprechwörter, Nachdenkwörter und Merkwörter).
Von Anfang an beinhalten die Texte folgende „kleine" Wörter, die allein mit der phonetischen Strategie rechtschriftlich nicht zu bewältigen sind:
die, sie, wie, und, wird, sind.
Wir gehen davon aus, dass diese Wörter bei Kindern der zweiten Jahrgangsstufe bereits im Gedächtnis gespeichert sind. Sie werden deshalb als Übungswörter nicht mehr aufgeführt.

An der Ampel

Unser Licht ist rot.

Die Autos rasen vorbei.

Wir warten, bis das Licht grün ist.

Nun dürfen wir gehen.
Die Autos haben zu warten.

Mitsprechwörter
an, der, Ampel, Licht, ist, rot, Auto, rasen, warten, dürfen, wir, bis, das, grün, nun, zu

Nachdenkwörter
- uns**er** (Endungsmorphem **-er**)
- g**eh**en (bezeichnete Dehnung beim gebeugten Verb; **h** als silbentrennendes Schriftzeichen hat sogar eine gewisse Regelmäßigkeit)

Merkwörter
- **v:** **v**orbei

Weitere Übungsschwerpunkte:
- deutlich sprechen, genau hören: **-mp-, -cht-, -rt-, -ns-**

Auf dem Markt

Heute gehen wir mit Mutter auf den Markt.

Wir kaufen Äpfel und Birnen.

Mutter kauft Salat und Gemüse.

Da bleiben wir gesund und fit.

Mitsprechwörter
auf, dem, Markt, wir, mit, den, kaufen, bleiben, Birne, Salat, Gemüse, da, fit
- h**eu**te **(eu)**

Nachdenkwörter
- **Ä**pfel – **A**pfel
- Mu**tt**er (Mitlautverdopplung nach kurzem Vokal)
- **gesund (Auslautverhärtung – Wörter verlängern)**

Weitere Übungsschwerpunkte:
- deutlich sprechen, genau hören: **-rkt-, -pf-, -rn-, -bl-**

Ich male

Ich male einen Baum.

Neben dem Baum ist ein Haus.

Ich male Gras und Blumen.

Im Garten ist ein Igel.
Wo male ich mich?
Ich male mich ...

Mitsprechwörter

Ich, malen, einen, Baum, neben, dem, ist, ein, Haus, Gras, Blumen, im, ist, Igel, wo, mich

Nachdenkwörter

- M**utt**er (Mitlautverdopplung nach kurzem Vokal)
- Großschreibung der Nomen

Weitere Übungsschwerpunkte:

- deutlich sprechen, genau hören: **Gr-, Bl-**

Mein Hamster

Ich habe einen Hamster.

Sein Name ist Poldi.

Am Tag bleibt Poldi in seinem Haus.

Am Abend wacht er auf.

Er sucht Körner und Heu.
Die ganze Nacht ist er wach.
Am Morgen legt er sich schlafen.

Mitsprechwörter

Mein, Hamster, ich, haben, einen, sein, Name, Poldi, am, in, seinem, Haus, wacht, er, auf, sucht, Körner, Nacht, wach, Morgen, sich, schlafen

- **Heu**

Nachdenkwörter

- Wörter verlängern: Ta**g**, Aben**d**
- blei**b**en – blei**bt**, le**g**en – le**gt**
- Großschreibung der Nomen

Weitere Übungsschwerpunkte:

- deutlich sprechen, genau hören: **-mst-, bl-, n/m, -cht, -rn-, -nz-, schl-**

Vögel im Winter

Es schneit schon lange.

Alles ist voller Schnee.

Mutter hat mit mir ein Vogelhaus gebaut.

Wir bringen es in den Garten.

Nun geben wir eine Menge Körner in das Haus.
Ob die Vögel so viel Hunger haben?

Mitsprechwörter

im, Winter, es, schneit, schon, lange, ist, hat, mit, mir, ein, gebaut, wir, bringen, in, den, Garten, nun, geben, eine, Menge, Körner, in, das, Haus, so, Hunger, haben

- **ie:** v**ie**l

Nachdenkwörter

- kurzer Vokal vor Doppelmitlaut: v**oll**er, **all**es, M**utt**er
- Großschreibung der Nomen

Merkwörter

- Merkwörter mit **V/v**: **V**ögel, **V**ogelhaus, **v**oller, **v**iel
- **ee:** Schn**ee**
- **ob**

Weitere Übungsschwerpunkte:

- **ng:** lange, bringen, Me**ng**e, Hu**ng**er
- Wortbildungs- und Flexionsmorpheme: **-er, -en, ge-**

So viele Wünsche!

Die Werbung sagt:
So viele Sachen gibt es!
Wünsche dir etwas!

Eine Puppe, die antworten kann.

Einen Computer, der dir die Aufgaben erklärt.

Ein Auto, das fliegen kann.

Aber an der Kasse muss ich zahlen.
So viele Wünsche kosten zu viel.

Mitsprechwörter

So, Wünsche, Werbung, Sachen, es, dir, etwas, eine, antworten, der, Aufgaben, Auto, aber, an, ich, kosten

- **ie:** v**ie**l, fl**ie**gen

Nachdenkwörter

- ge**b**en – gi**bt**
- erkl**ä**ren – kl**a**r
- kurzer Vokal vor Doppelmitlaut: P**upp**e, k**önn**en – k**ann**; K**ass**e, m**üss**en – m**uss**
- Großschreibung der Nomen

Merkwörter

- Merkwörter mit **V/v**: **v**iel
- **ah:** z**ah**len
- Fremdwort: Computer

Weitere Übungsschwerpunkte:

- Wortbildungsmorphem -ung

Rate!

Wenn die warme Sonne scheint,
steht ein weißer Mann und weint.
Wird kleiner und kleiner –
Sag, was ist das für einer?

Mitsprechwörter

raten, warm, scheinen, ein, weinen, kleiner, was, ist, das, für, einer

- **st**: **st**ehen

Nachdenkwörter

- kurzer Vokal vor Doppelmitlaut: w**enn**, S**onn**e, M**ann**
- sa**g** – sa**g**en
- Großschreibung der Nomen
- **eh**: st**eh**t – st**eh**en

Merkwörter

- **ß**: w**eiß**

Weitere Übungsschwerpunkte:

- Endungsmorphem **t**: schein**t**, wein**t**, steh**t**
- Endungsmorphem **-er** (klein**er**, ein**er**)
- deutlich sprechen, genau hören: **-rm-**

Ein Freund

Ein Freund ist jemand,
der dich gern hat.
Ein Freund kann ein Junge sein,
ein Freund kann ein Mädchen sein.
Er spielt und lacht mit dir.
Er besucht dich, wenn du krank bist.
Er hilft dir, wenn du in Not bist.
Er versteht dich, wenn du traurig bist.

Mitsprechwörter

Ein, ist, der, dich, gern, hat, Junge, sein, lacht, mit, dir, besucht, dich, krank, bist, hilft, du, in, Not, traurig

- **sp**: **sp**ielt
- **eu**: Fr**eu**nd
- **ie:** sp**ie**lt

Nachdenkwörter

- kurzer Vokal vor Doppelmitlaut: k**ann**, w**enn**
- Großschreibung der Nomen
- Wörter verlängern: Freun**d**, jeman**d**
- **ä:** M**ä**dchen (verwandt mit Magd)

Merkwörter

- **v:** **v**ersteht

Weitere Übungsschwerpunkte:

- Wortbausteine: **-t, -ig, -chen, be-, ver-**

Regen

Viele Tropfen fallen vom Himmel auf die Erde.

In einer Quelle kommen sie wieder ans Licht.

Erst sind sie ein Bach, dann ein Fluss, dann ein Strom – bis ins Meer.

Das Wasser verdunstet und steigt nach oben.
Am Himmel steht ein schwarze Wolke.

Mitsprechwörter

Regen, Tropfen, auf, Erde, in, einer, Licht, erst, ein, Bach, bis, nach, oben, am, eine, schwarze, Wolke

- **St**: **St**rom, **st**eigt, **st**eht
- **ie:** v**ie**le, w**ie**der

Nachdenkwörter

- kurzer Vokal vor Doppelmitlaut: f**all**en, H**imm**el, Qu**ell**e, k**omm**en, Fl**uss**, W**ass**er
- Großschreibung der Nomen
- Wörter verlängern: stei**gt** – stei**g**en
- **eh:** st**eh**t

Merkwörter

- **v:** **v**iele, **v**erdunstet
- **ee:** M**ee**r

Weitere Übungsschwerpunkte:

- Wörter mit **Qu/qu**
- Wortbaustein **ver-**
- Deutlich sprechen, genau hören: **-pf-, schw-, -cht**

Wer bin ich?

Leichter als eine Feder bin ich.

Ich bin einmal kalt und einmal warm.

Ich bin heute nass und morgen trocken.

Du kannst mich nicht sehen, aber ich bin überall.

Mitsprechwörter

Wer, bin, ich, leicht, als, eine, Feder, einmal, kalt, warm, morgen, du, mich, nicht, aber

- **eu:** h**eu**te
- **eh:** s**eh**en

Nachdenkwörter

- kurzer Vokal vor Doppelmitlaut: n**ass**, über**all**, k**ann**st – k**önn**en
- Großschreibung der Nomen
- **ck**: tr**ock**en

Weitere Übungsschwerpunkte:

- Wortbausteine: **du** kann**st**
- Beweise für Adjektive
- deutlich sprechen, genau hören: **-lt, -rm, tr-**

Die Monate im Jahr

Januar, Februar, März –

So fängt das Jahr an.

April, Mai, Juni –

Wir freuen uns über Blumen und Blüten.

Juli, August, September –

Wir lachen und spielen in der Sonne.

Oktober, November, Dezember –

Ein Stern macht uns die Nacht hell.

Mitsprechwörter

Monate, im, so, das, an, Januar, Februar, April, Juni, wir, uns, über, Blumen, Blüten, Juli, August, September, lachen, in, der, Oktober, Dezember, ein, macht, Nacht

- **sp**: **sp**ielen
- **St**: **St**ern
- **ie:** sp**ie**len

Nachdenkwörter

Ableitung:

- f**ä**ngt – f**a**ngen
- kurzer Vokal vor Doppelmitlaut: S**onn**e, h**ell**
- Großschreibung der Nomen

Merkwörter

- **v:** No**v**ember
- **ah:** J**ah**r
- **ä:** M**ä**rz
- **ai:** M**ai**

Weitere Übungsschwerpunkte:

- Besonderheiten der Monatsnamen

Familien sind nicht gleich

Manche Familien sind groß,
manche Familien sind klein.
In einer Familie gibt es Mutter und Vater,
in einer anderen Oma und Opa.
Aber jede Familie ist wie ein Nest,
in dem die Kinder geborgen sind.

Mitsprechwörter

Familie, nicht, gleich, manche, klein, in, einer, es, anderen, Oma, Opa, aber, jede, ist, Nest, dem, Kinder, geborgen

Nachdenkwörter

- Ableitung: f**ä**ngt – f**a**ngen
- kurzer Vokal vor Doppelmitlaut: M**utt**er
- Großschreibung der Nomen
- Wörter verlängern: Kin**d** – Kin**der**

Merkwörter

- **ß**: gro**ß**
- **v: V**ater

Weitere Übungsschwerpunkte:

- Deutlich sprechen, genau hören: **Familie**
- Wortbausteine: **ge-, -er**
- **J: J**ede

Ein neuer Schüler

An der Tafel steht ein Junge.

Nieman kennt ihn.

Er ist neu in der Klasse.

Seine Haare sind dunkel.

Alle schauen ihn an.

Er schaut uns nicht an.

Die Lehrerin sagt:
„Das ist Tonio."
Neben mir ist ein Platz frei.
Schnell rufe ich:
„Tonio sitzt bei mir!"

Mitsprechwörter

Ein, Schüler, an, der, Tafel, Junge, er, ist, in, seine, dunkel, schauen, uns, nicht, Tonio, neben, mir, frei, rufen, bei

- **eu**: n**eu**er
- **st**: **st**eht

Nachdenkwörter

- kurzer Vokal vor Doppelmitlaut: k**enn**t – k**enn**en, Kl**ass**e, **all**e, schn**ell**
- **tz**: Pl**atz**, s**itz**t
- Großschreibung der Nomen
- Wörter verlängern: nieman**d** – nieman**den**
- **eh**: st**eh**t

Merkwörter

- **aa:** H**aa**re
- **Ih: Ih**n
- **eh:** L**eh**rerin

Weitere Übungsschwerpunkte:

- **nk**: deutlich sprechen, genau hören: du**nk**el

Leben in der Hecke

Dort an der kleinen Wiese wächst eine Hecke.
Weißt du, wer da wohnt?

Im Keller lebt die Maus.

Zu ebener Erde wohnt der Igel.

Im ersten Stock baut der Siebenschläfer sein Nest.

Ganz oben sitzt ein Vogel und singt sein Lied.

Mitsprechwörter

Leben, in, der, dort, an, klein, eine, du, wer, da, im, Maus, zu, ebener, Erde, Igel, ersten, baut, sein, Nest, ganz, oben

- **ie**: W**ie**se, S**ie**benschläfer, L**ie**d

Nachdenkwörter

- **ck** – He**ck**e, St**ock**
- kurzer Vokal vor Doppelmitlaut: K**ell**er, w**iss**en – w**eiß**t
- Großschreibung der Nomen
- w**ä**chst – w**a**chsen
- Wörter verlängern: le**b**t – le**b**en; sin**g**t – sin**g**en
- **a** – **ä**: schl**a**fen – Siebenschl**ä**fer
- **tz**: **sitz**t

Merkwörter

- **ß**: **weiß**t
- **oh**: w**oh**nt
- **V: V**ogel

Weitere Übungsschwerpunkte:

- deutlich sprechen, genau hören: **-rt, -chst**

Ich soll, ich muss, ich will

Tom soll rechnen.
Aber er will nicht.
Er will lieber spielen.
Muss er rechnen?
Ute soll schreiben.
Aber sie will nicht.
Muss sie schreiben?
Ich soll …
Aber ich will nicht.
Ich will lieber …
Muss ich …?
Was soll man da machen?
Soll man böse sein oder lachen?

Mitsprechwörter

Ich, Tom, rechnen, aber, er, nicht, Ute, schreiben, was, man, da, machen, böse, sein, oder, lachen

- **sp**: **sp**ielen
- **ie**: l**ie**ber, sp**ie**len

Nachdenkwörter

- kurzer Vokal vor Doppelmitlaut: s**oll**, m**uss**, w**ill**
- Großschreibung der Nomen

Weitere Übungsschwerpunkte:

- deutlich sprechen, genau hören: **-chn-, schr-**

Weißt du es?

Wer weiß, wie weich eine Wolke ist?
Wer weiß, wie alt ein Stein ist?
Wer weiß, wie weit der Himmel ist?
Kann ein Mensch das wissen?
Wer weiß, wie leicht ein Wort ist?
Wer weiß, wie schnell das Licht ist?
Wer weiß, wie tief das Meer ist?
Kann ein Mensch das wissen?
Wer weiß, wie ...?
Wer weiß, wie ...?
Wer weiß, wie ...?
Kann ein Mensch das wissen?

Mitsprechwörter

du, es, wer, weich, eine, Wolke, ist, alt, ein, weit, der, Mensch, das, leicht, Wort, Licht

- **St**: **St**ein
- **ie:** t**ie**f

Nachdenkwörter

- wei**ß** – wi**ss**en
- kurzer Vokal vor Doppelmitlaut: w**iss**en, schn**ell**, k**ann**, H**imm**el
- Großschreibung der Nomen

Merkwörter

- **ee**: M**ee**r

Literatur

1. Bücher

Augst, G./Dehn, M.: Rechtschreibung und Rechtschreibunterricht. Können – Lehren – Lernen. Eine Einführung für Studierende und Lehrende aller Schulformen. Stuttgart: Klett 1998.
Bergk, M.: Rechtschreiblernen von Anfang an. Frankfurt/M.: Diesterweg 1997.
Brügelmann, H.: Kinder auf dem Weg zur Schrift. Lengwil: Libelle 1994.
Brügelmann, H. (Hrsg.): Was leisten unsere Schulen? Seelze-Velber: Kallmeyer 1999.
Dehn, M. (u. a.): Elementare Schriftkultur. Weinheim und Basel: Beltz 1996.
Huber, L./Kegel, G./Speck-Hamdan, A. (Hrsg.): Einblicke in den Schriftspracherwerb. Braunschweig: Westermann 1998 (Paxis Pädagogik).
Mann, Ch.: Selbstbestimmtes Rechtschreiblernen. Weinheim und Basel: Beltz 1997.
Naegele, L./Valtin, R. (Hrsg.) Rechtschreibunterricht in den Klassen 1–6 (Reihe: Beiträge zur Reform der Grundschule, Band 56/57). Frankfurt/M. 1994.
Richter, S.: Interessenbezogenes Rechtschreiblernen. Methodischer Leitfaden für den Rechtschreibunterricht in der Grundschule. Braunschweig. Westermann 1998 (Praxis Pädagogik).
Röber-Siekmeyer, Ch.: Die Schriftsprache entdecken. Weinheim und Basel: Beltz 1993.
Spitta, G.: Kinder schreiben eigene Texte in Klasse 1 und 2. Frankfurt 1997.
Thomé, G.: Orthographieerwerb. Qualitative Fehleranalysen zum Aufbau der orthographischen Kompetenz. Frankfurt/M. u. a.: Lang 1999 (Theorie und Vermittlung der Sprache. Band 29).

2. Zeitschriften

Die Grundschulzeitschrift/besonders die Themenhefte 123/115/107/98; zu beziehen: Friedrich-Verlag, Im Brande 19, 30926 Seelze.
Grundschule/besonders Jan. 1995/Apr. 1996; zu beziehen: Westermann-Verlag, Verlagsservice Braunschweig GmbH, Georg-Westermann-Allee 66, 38037 Braunschweig.

3. Aufsätze aus Büchern und Zeitschriften

Ahrens, M./Dehn, M.: „... wenn man sich durchliest, dann fällt ein' auch was ein." Schreibkonzept und orthographische Korrektur in Klasse 2. In: Die Grundschulzeitschrift 9 (1995), Heft 89, S. 14–17.
Balhorn, H.: Rechtschreibwissen verstehen und sammeln. Eine Idee, die Orthographie zu ordnen. In: Die Grundschulzeitschrift 9 (1995), Heft 89, S. 41–43.
Balhorn, H.: Rechtschreibwissen in Kinderköpfen. In: Grundschule 27 (1995), Heft 1, S. 15–18 (Teil 1), Heft 2, S. 58–60 (Teil 2).
Bartnitzky, H./Valtin, R.: Richtig üben – einige Prinzipien für den Rechtschreibunterricht. In: Naegele, L./Valtin, R. (Hrsg.): Rechtschreibunterricht in den Klassen 1–6 (Reihe: Beiträge zur Reform der Grundschule, Band 56/57). Frankfurt/M. 1994, S. 52–57.
Bergk, M.: Selbstverantwortliches Schreiben mit dem Wörterbuch. In: Naegele, L./Valtin, R. (Hrsg.): Rechtschreibunterricht in den Klassen 1–6 (Reihe: Beiträge zur Reform der Grundschule, Band 56/57). Frankfurt/M. 1994, S. 72–76.
Bergk, M.: Textverfassen und Rechtschreiberkundungen. In: Die Grundschulzeitschrift 9 (1995), Heft 89, S. 6–14.
Bergk, M.: Kinder verfassen ihre Diktattexte selbst. In: Die Grundschulzeitschrift 9 (1995), Heft 89, S. 55.
Bohnenkamp, A.: Was lernen Kinder durch Korrekturen? In: Die Grundschulzeitschrift 9 (1995), Heft 89, S. 56–57.
Eichler, W.: Nachdenken über das richtige Schreiben! Innere Regelbildung und Regelfehlbildung im Orthographieerwerb. In: Diskussion Deutsch 22 (1991), Heft 117, S. 1–15.
Glinz, E.: Wann korrigieren? – Wie korrigieren? In: Grundschule 27 (1996), Heft 1, S. 37–45.
Lichtenstein-Rother, I.: Grundlegendes Lernen im Rechtschreibunterricht. In: Grundschule 19 (1987), Heft 3, S. 12–15.
May, P.: Hamburger Schreibprobe zur Erfassung grundlegender Rechtschreibstrategien: In: Naegele, L./Valtin, R. (Hrsg.): Rechtschreibunterricht in den Klassen 1–6 (Reihe: Beiträge zur Reform der Grundschule, Band 56/57). Frankfurt/M. 1994, S. 94–98.
Menzel, W.: Diktieren und Diktiertes aufschreiben. In: Praxis Deutsch (1997), Heft 142, S. 15–26.
Reichert, I./Wespel, M.: Richtig schreiben – richtig üben: In: Grundschule 27 (1995), Heft 1, S. 29–32.

Röbe, E.: Rechtschreiben beginnt mit dem Lesen- und Schreibenlernen. In: Grundschule 19 (1987), Heft 3, S. 16–21.
Scheerer-Neumann, G.: Kognitive Prozesse beim Rechtschreiben: Eine Entwicklungsstudie. In: Eberle, G./Reiß, G. (Hrsg.): Probleme beim Schriftspracherwerb. Heidelberg 1987, S. 193–219.
Spitta, G.: Wenn schon gekaufte – dann gute Arbeitsmittel. In: Die Grundschulzeitschrift 41 (1991), Heft 41, S. 20/21.
Spitta, G.: Geben wir den Kindern Zeit, damit sie aus den Fehlern lernen können! In: Die Grundschulzeitschrift 2 (1988), Heft 12, S. 6–12.
Süsselbeck, G.: Alternativen zum herkömmlichen Diktat. In: Grundschule 28 (1996), Heft 4, S. 29–31.
Valtin, R.: Ein Stufenmodell des Rechtschreiblernens. In: Naegele, L./Valtin, R. (Hrsg.): Rechtschreibunterricht in den Klassen 1–6 (Reihe: Beiträge zur Reform der Grundschule, Band 56/57). Frankfurt/M. 1994, S. 32–37.

4. Sprachwissenschaftliches Grundlagenwerk

Duden: Grammatik der deutschen Gegenwartssprache, Duden Band 4, 6. A. Mannheim: Dudenverlag 1998 (darin S. 17–84: Der Laut und die Lautstruktur des Wortes. Der Buchstabe und die Schriftkultur des Wortes von Peter Eisenberg).